# CONSULTATION

DE

## M. REMY, JURISCONSULTE;

POUR

DES PORTEURS D'ANNUITÉS DE L'EMPRUNT D'HAÏTI,

ET POUR DES COLONS.

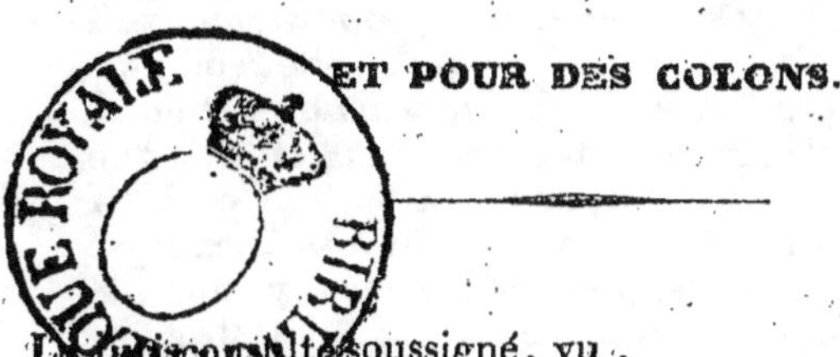

Le jurisconsulte soussigné, vu,

1° Un mémoire ou notice de la commission des porteurs d'annuités de l'emprunt d'Haïti;

2° L'ordonnance d'émancipation de cette colonie et la loi qui prescrit la répartition d'une indemnité stipulée au profit des colons;

Consulté sur la question de savoir si le gouvernement français est responsable du paiement des actions haïtiennes;

Est d'avis que l'obligation de cette responsabilité existe indubitablement pour lui, et qu'il est tenu d'accomplir envers les consultans les engagemens qui devaient être remplis à leur égard par la république haïtienne.

L'examen et la discussion des faits et des titres, vont donner lieu d'indiquer aux consultans les différens moyens qui établissent et garantissent l'irrévocabilité de leurs droits.

L'ordonnance du 17 avril 1825, concernant l'émancipation de la partie française de la colonie de Saint-Domingue, moyennant une indemnité de 150 millions de francs, payable en cinq termes égaux, d'année en année, le premier échéant le 31 décembre 1825, est-elle un acte légal de la puissance exécutive?

Les considérans de l'ordonnance d'émancipation ont motivé cette mesure sur les articles 14 et 73 de la charte constitutionnelle : ces articles de la charte conféraient-ils la faculté au pouvoir exécutif de se placer en dehors de l'ordre légal? lui déféraient-ils la puissance dictatoriale? Telles sont les graves questions que l'on se propose de traiter

L'article 14 portait : *Le roi est le chef suprême de l'état.* Ces expressions ne disent rien de plus que la disposition finale de l'article 13 de la charte qui défère *au roi seul la puissance exécutive.* Elles signifient que le roi ne reconnaît pas de fonctionnaire supérieur à lui dans le royaume ; qu'il est placé au sommet de l'ordre politique pour diriger le vaste système du gouvernement ; qu'il est le premier citoyen de la grande famille nationale, et qu'à l'égard des puissances étrangères, il est le premier représentant de la nation. « Dans une monarchie, dit *Domat,* le gouvernement *étant en la main d'un seul* qui ne doit avoir qu'une seule vue, et un seul intérêt du bien de l'état qu'il doit considérer comme le sien propre, rien ne le divise. Et *cette unité qui n'empêche pas l'usage des bons conseils* rend *les résolutions* plus *fermes,* plus *secrètes* et plus *proportionnées* au bien de l'état, et en *facilite l'exécution,* qu'elle rend plus *prompte,* plus *forte* et plus *absolue, par la réunion de toutes les forces* et de tout ce qui regarde cette exécution en la personne du souverain (1). » En d'autres termes : « Le pouvoir exécutif supérieur réside exclusivement dans la main du roi.—Le roi est le chef suprême de l'administration générale du royaume : le soin de veiller au maintien de l'ordre et de la tranquillité publique lui est confié. *Const.* 1791, *chap.* 4, *art.* 1ᵉʳ. »

. . ., *il commande les forces de terre et de mer.* Selon ce qu'enseigne *Domat* : « L'usage des forces pour maintenir l'état contre les entreprises des ennemis est perpétuel, parce que *le danger de ces entreprises est toujours à craindre, et que le défaut de forces pourrait l'attirer.* Et ces forces consistent en places fortes sur les frontières, en garnisons pour les défendre, et *en troupes* ou *déjà mises, ou prêtes à mettre sur pied dans l'occasion. Tome* 3, *pag.* 23. — « Au roi est délégué le soin de veiller à la sûreté extérieure du royaume, d'en maintenir les droits et les possessions. *Const.* 1791, *chap.* 4, *art.* 1ᵉʳ, §. 4. » —Au dehors, dit encore *Domat,* le souverain a le droit de faire la guerre contre ceux qui se portent à quelque entreprise ou à quelque autre injustice, soit contre l'état, ou *contre ce lui qui en est le chef, si la réparation de cette injustice demande l'usage des armes.* Et ce même droit consiste aussi au pouvoir de faire des traités de paix ou autres, selon le besoin, avec *d'autres princes* et d'autres états, soit pour entretenir avec eux des alliances pour une défense réciproque, ou des correspondances pour le commerce, ou d'autres liaisons pour d'autres usages ; ce qui renferme

---

(1) L'édition de Remy forme quatre volumes in-8° ; les deux premiers volumes contiennent le *traité des lois* et les *lois civiles* ; le troisième volume renferme le *droit public,* et le quatrième volume, les *harangues* et le *delectus legum* ou choix des lois romaines mises en corrélation avec le droit actuel. Voy. t. 3, page 8.

le droit d'envoyer aux princes étrangers des ambassadeurs ou des résidens. *Tome 3, pag.* 26. »

. . ., *il déclare la guerre*. Quoique ces mots soient d'un laconisme effrayant, on peut cependant les expliquer ainsi avec *Domat :* « Les guerres, dit-il, sont une suite ordinaire des différends qui arrivent entre les souverains de deux nations, qui, *étant indépendans les uns des autres*, et n'ayant pas de juges communs, se font eux-mêmes justice par la *force des armes*, quand ils ne peuvent ou ne veulent pas avoir de médiateurs qui fassent leur paix ; car, alors, ils prennent pour *lois* et pour *décisions* de leurs différends les événemens que Dieu donne aux guerres. Il y a aussi une autre sorte de guerres qui ne sont qu'un pur effet de la violence et des entreprises d'un prince ou d'un état sur ses voisins. *Tome* 1er, *page* 23.—L'usage des forces qui regarde le dehors d'un état, *consiste à le défendre* contre les entreprises des étrangers, *les prévenant avant qu'elles éclatent*, et *à résister à celles qu'on n'a pu prévoir. Tome* 3 , *page* 61 . » — On a fortifié ces axiomes d'une éternelle durée, par les principes de Burlemaqui :

« La loi de Dieu, dit-il, ne recommande pas moins au corps des nations de travailler à leur conservation, qu'aux hommes en particulier, *il est donc juste qu'elles puissent employer la force contre ceux qui se déclarent leurs ennemis, violent* envers elle la loi de la sociabilité, leur *refusent* ce qui leur *est dû, cherchent* à leur *enlever* leurs *avantages* et à les *détruire*. Il est donc du bien même de la société que l'on puisse *réprimer* efficacement la *malice* et les *efforts de ceux qui en renversent les fondemens ;* sans cela, le genre humain *deviendrait la victime du brigandage* et de la licence, *et le droit de faire la guerre* est à proprement parler le moyen le plus puissant de maintenir la paix entre les hommes. *Voy. Domat*, tome 3, *page* 62. — Tout Français est soldat, et se doit à la défense de la patrie. *Loi,* 19 *fructidor an* 6, *art.* 1er. »

. . ., *il fait les traités de paix , d'alliance et de commerce. Domat* enseigne que « Comme le genre humain compose une société universelle, *divisée* en diverses *nations* qui ont leurs *gouvernemens séparés* , et que les *nations* ont entre elles de *différentes communications*, il a été nécessaire qu'il *y eût des lois* qui *réglassent* l'ordre de ces communications. et pour les princes entre eux, et pour leurs sujets ; ce qui renferme l'usage des ambassades, des négociations, des *traités de paix*, et toutes les manières dont les princes et leurs sujets *entretiennent les commerces* et les autres liaisons avec leurs voisins. Et dans les guerres mêmes il y a des lois qui règlent les manières de déclarer la guerre, qui modèrent les actions d'hostilité, qui maintiennent l'usage des médiations, des trèves, des suspensions d'armes, des compositions, de la sûreté des ôtages, et d'autres semblables.

«Toutes ces choses n'ont pu être réglées que par quelques lois ; et comme *les nations* n'ont *aucune autorité pour s'en imposer* les unes aux autres, il y a deux sortes de lois qui leur servent de règles : l'une des lois naturelles de l'humanité, de l'hospitalité, de la fidélité, et de toutes celles qui dépendent de ces premières, *et qui règlent les manières dont les peuples de différentes nations* doivent user entre eux en *paix* et en *guerre;* et l'autre est celle des *réglemens dont les nations conviennent par des traités* ou par des usages qu'elles *établissent* et qu'elles *observent réciproquement.* Et les *infractions de ces lois,* de ces *traités,* et des usages, *sont réprimés par des guerres ouvertes,* et par des représailles, et par d'autres voies proportionnées aux ruptures et aux entreprises. *Tom.* $\mathrm{i^{er}}$*, pag.* 55.»—Sous l'empire des lois qui régissent la France, le roi constitutionnel envoie auprès des nations étrangères des ambassadeurs, des ministres plénipotentiaires, des consuls et d'autres gens auxquels il délègue sa puissance exécutive, mais sans jamais pouvoir empiéter d'aucune façon sur le droit de la puissance législative. « *Les lois,* dit *Filangieri, doivent énoncer* avec exactitude quels sont les *véritables droits de la couronne, et* quel *est le ministère du prince qui la porte;.... déterminer l'étendue du pouvoir législatif;* indiquer le *point* où *commence* et le *point* où *finit le pouvoir exécutif;* montrer les subdivisions de ce pouvoir; distinguer les ordres de la magistrature, et *établir d'une manière immuable leur dépendance respective.* Science de la législ. *Voy. Domat, tom.* 3, *pag.* 18. »

...., *Il nomme à tous les emplois d'administration publique.* —Le roi ne saurait administrer par lui-même ; il a le droit de déléguer sa puissance exécutive à des fonctionnaires divers, placés dans l'ordre d'une hiérarchie dont *il est le chef suprême.* Ses premiers fonctionnaires sont des ministres révocables, dont la nomination dépend de son choix. Ils sont ses délégataires spéciaux, chacun dans le département dont il est chargé de diriger les affaires. Tous les autres agens du pouvoir exécutif sont soumis aux ministres. « Pour ce qui est de la monarchie, dit Burlamaqui, *elle s'établit* lorsque *le corps entier du peuple confère l'autorité souveraine à un seul homme, ce qui se fait par une convention entre le* roi et ses sujets. Voy. *Domat, tom.* 3, *pag.* 7. » *Cuique licet uti suo jure* (Cic.)

...., *et il fait les réglemens et ordonnances nécessaires pour l'exécution des lois et la sûreté de l'état.* Les réglemens et ordonnances ont pour objet de pourvoir à l'exécution des lois ; c'est ce qu'on appelle puissance exécutive. Il n'y a point de lois administratives, parce que l'administration n'est que la simple exécution de toutes les lois de l'état. « Il n'y a dans chaque gou-

( 5 )

vernement, dit *Domat*, que deux sortes de lois. Les lois immuables s'appellent ainsi, parce qu'elles sont naturelles et tellement justes toujours et partout, qu'*aucune autorité ne peut ni les changer ni les abolir*; et les lois arbitraires ou *positives* sont celles qu'*une autorité légitime* peut établir, changer et abolir, selon le besoin. » Sous l'empire des lois constitutionnelles, « la puissance législative s'exerce *collectivement* par le roi, la chambre des pairs et la chambre des députés des départemens. (*charte, art.* 15.) » Vient ensuite l'article 18, qui dit expressément que « toute loi doit *être discutée* et *votée librement par la majorité de chacune* des deux chambres. » Telle est aujourd'hui *l'autorité légitime* en France, qui puisse *établir*, *changer* et *abolir* les lois arbitraires. « Les lois immuables, continue *Domat*, sont *tellement essentielles aux engagemens qui forment l'ordre de la société, qu'on ne saurait les changer sans ruiner les fondemens de cet ordre. Tom.* 1er, *pag.* 36. » Ne peut-on pas soutenir, ne doit-on pas reconnaître avec le plus grand des orateurs romains qu'*aucune* puissance ne doit être au-dessus des lois? *Nulla potentia supra leges esse debet.* (Cic.)

On voit dans une remontrance du parlement, de 1717, que « quant à la loi que font les rois, elle est muable, et peut-être changée, selon que les affaires le requièrent. Mais quant à la loi du royaume qui a été devant les rois, et qui sera après les rois, elle sera éternelle et perpétuelle. »

M. Bérard, auteur de la proposition du 7 août 1830, a dit : « un pacte solennel unissait le peuple français à son monarque; ce pacte vient d'être brisé. Le *violateur du contrat ne peut*, à aucun titre, en réclamer l'exécution. Charles X et son fils prétendent en vain transmettre un pouvoir qu'ils ne possèdent plus; ce pouvoir s'est éteint dans le sang de plusieurs milliers de victimes. » M. Podenas a également déclaré que « lorsque le *roi brise les institutions jurées, rompt le pacte fondamental qui le lie au peuple*, il est en état de déchéance, et le trône est vacant. C'est l'unique moyen de rétablir l'harmonie politique, qui, une fois détruite, rend à chaque contractant l'exercice de ses droits. » Enfin, le célèbre rapporteur de la proposition du 7 août, s'est exprimé ainsi sur cette grave question de droit public : « La nécessité de proclamer la vacance du trône, a-t-il dit, a été reconnue à l'unanimité: mais votre commission a pensé qu'il ne suffirait pas de le déclarer comme *un fait*; qu'il fallait aussi le déclarer comme *un droit résultant de la violation de la charte* et de la légitime résistance apportée par le peuple à cette violation. »—*Depugna potiusquàm servias*. (Cic.)

L'acte du 7 août 1830, § 3, « Déclare que le trône est vacant en fait et en droit. » Le § 5 ajoute: « Selon le vœu et dans l'intérêt du peuple français, le préambule de la charte constitutionnelle est supprimé, *comme blessant la dignité nationale*, en paraissant *octroyer* aux Français *des droits qui leur appar-tiénnent essentiellement.* » Ces droits essentiels n'émanent-ils pas des lois immuables dont parle *Domat*, en disant qu'*aucune autorité ne peut ni les changer ni les abolir ?* Les principes de ce grand homme sur l'article 14, se trouvent encore fortifiés par l'opinion de M. Dupin aîné, qui a dit : « Cet article, dans ces derniers temps surtout, *était devenu le texte* des plus *étranges* et des plus *coupables interprétations.* On affectait *d'y voir le siége d'une dictature*, dont la puissance, *de fait, pouvait s'éle-ver au-dessus de toutes les lois.* Cette doctrine funeste est de-venue le *prétexte d'un attentat dirigé contre la liberté du peuple français.* Déjà le prince, lieutenant-général avait pris une généreuse initiative, en vous parlant de cet article *si odieuse-ment interprété.* Votre commission a rendu le doute impossible à l'avenir, et ne retenant de l'article que ce qui doit être con-servé dans le juste intérêt d'une prérogative que vous voulez, non pas anéantir, mais seulement régler, tout en maintenant la couronne dans le droit incontestable de *faire les réglemens et ordonnances nécessaires pour l'exécution des lois*, nous avons ajouté que c'était *sans pouvoir jamais ni suspendre les lois, ni dispenser aucunement de leur exécution.* » *Salus populi su-prema lex est.* (Cic.)

On s'est appuyé dans les considérans de l'ordonnance du 17 avril 1825, de l'article 73 de la charte qui disposait : « Les co-lonies seront *régies* par des *lois* et *réglemens* particuliers. » Quoi! le verbe *régir* peut-il avoir d'autre signification, d'autres synonymes que les *verbes gouverner, administrer*? où a-t-on vu que le verbe *régir* púisse être le synonyme des verbes *vendre* et *aliéner ?* quel rapport l'article 73 avait-il, pouvait il avoir avec l'expropriation des colons de Saint-Domingue ? a t-on voulu tirer la conséquence que c'était en vertu des *lois* et *ré-glemens* dont cet article fait mention ? Mais où étaient, où sont ces *lois* et ces *réglemens* qui déféraient au pouvoir exécutif le droit *d'aliéner* les propriétés des colons, sans les consulter, sans le concours de leur volonté ? on a méconnu les droits les plus sacrés parmi les hommes.

Qu'est-ce donc que l'ordonnance d'émancipation de Saint-Do-mingue ? est-ce un traité de paix ? Non. Est-ce un traité d'al-liance ? Non. Est-ce un traité de commerce ? Non, parce qu'un acte de cette nature ne peut, ne doit avoir lieu que d'égal à égal, entre deux puissances étrangères l'une à l'autre, indépendantes l'une de l'autre. L'acte du 17 avril 1825 ne peut être un traité, puisqu'il n'y a eu qu'une seule puissance qui soit intervenue, stipulant dans son propre intérêt des avantages dont elle n'a d'autres garanties qu'elle-même. L'ordonnance d'émancipation peut-elle être autre chose qu'un acte unilatéral, adressé à d'anciens esclaves révoltés contre la mère-patrie? Un tel acte pouvait-il, peut-il prononcer irrévocablement l'expropriation des propriétaires de cette colonie? les lois fondamentales du pays le défendent; l'article 545 du code civil porte :

« Nul ne peut être contraint de céder sa propriété, si ce n'est pour cause d'utilité publique, et moyennant une juste et préalable indemnité. » A-t-on observé les dispositions impératives de cette loi, lorsqu'on a prononcé l'expropriation des colons? M. Portalis, exposant les motifs de cet article, a dit : «*l'état est*, dans ces occasions, *comme un particulier qui traite avec un autre particulier; c'est bien assez qu'il puisse contraindre un citoyen à lui vendre son héritage, et qu'il lui ôte le grand privilége qu'il tient de la loi naturelle* et *civile, de ne pouvoir être forcé d'aliéner* son bien. » Ces grands principes de droit public ont obtenu la sanction de tous les peuples civilisés; *Cicéron* dit, *De offic.*, *lib.* 2, *chap.* 21, que, « la principale chose à quoi ceux qui sont chargés du gouvernement de la république *doivent prendre garde*, c'est que le *bien de chaque particulier lui soit conservé, et que jamais l'autorité publique ne l'entame....* Les hommes ne s'étant portés à former des républiques, que pour être plus en état de conserver chacun le sien. » De ces principes découle naturellement la loi du 8 mars 1810, qui porte, article 1er :

« L'expropriation, pour cause d'utilité publique s'opère par l'autorité de la justice. » Par son acte du 17 avril 1825, la puissance exécutive ne s'est-elle pas substituée à la volonté expresse de cette loi? n'a-t-elle pas violé non seulement la loi, mais encore la maxime qui veut que les *domaines des particuliers soient des propriétés sacrées qui doivent être respectées par le souverain lui-même?* L'article 2 de cette loi ajoute : « Les tribunaux *ne peuvent prononcer l'expropriation* qu'autant que l'utilité en a été constatée dans les formes établies par la loi. » Les tribunaux ont-ils prononcé l'expropriation des colons? *non.* Ont-ils reconnu, ont-ils constaté que l'expropriation avait lieu conformément à la loi qui leur enjoint impérativement de ne prononcer l'aliénation d'une propriété quelconque, *qu'autant que l'utilité en a été constatée dans les formes établies par la loi?* non. L'ordonnance d'émancipation est donc une mesure *spoliatrice* des droits les plus sacrés; car l'article 9 de la charte dit expressément que, « *toutes les propriétés sont inviolables.* »

Lorsqu'une ordonnance a pour objet des intérêts privés, le pouvoir exécutif ne peut s'en occuper que comme réglement d'administration publique, et dans les termes de l'article 10 de la charte qui porte : « L'état peut exiger le sacrifice d'une propriété, pour cause d'intérêt public légalement constaté, mais avec une indemnité préalable. » Quelle est la véritable signification du mot *état?* n'est-ce pas le gouvernement justemeut constitué? n'est ce pas tous les habitans du royaume réunis et liés pour leur intérêt commun? n'est-ce pas la nation prise en masse, et représentée par l'être fictif du mot *état?* il est reçu que la loi est l'expression, la manifestation, la volonté de tous les citoyens, et qu'elle parle au corps entier de la nation. Eh bien ! l'expropriation des colons a-t-elle eu lieu au nom de l'*état?* est-ce la France qui commandait la concession de Saint-Dominique? si c'est-elle, pourquoi n'a-t-elle pas payé *une indemnité préalable* comme le veut impérativement cet article de la charte? l'adjectif *préalable* ne signifie-t-il pas, au sens propre et absolu de la loi, que l'*état* devait payer l'indemnité avant que de procéder à l'expropriation des colons ?

L'article 3 de la loi du 8 mars 1810 porte : « Ces formes consistent ; 1° dans le décret impérial, qui seul peut ordonner des travaux publics ou achats de terrains ou édifices destinés à des objets d'utilité publique ; 2° dans l'acte du préfet, qui désigne les localités ou territoires sur lesquels les travaux doivent avoir lieu, lorsque cette désignation ne résulte pas du décret même, et dans l'arrêté ultérieur par lequel le préfet détermine les propriétés particulières auxquelles l'expropriation est applicable.» L'article 4 dit expressément que, « *cette application ne peut être faite à aucune propriété particulière qu'après que les parties intéressées ont été mises en état d'y fournir leurs contre-dits.* »

Les formalités prescrites par cette loi n'ont point été remplies à l'égard des colons. Comme *partie intéressée,* ont-ils été mis en *état d'y fournir leurs contre-dits?* non. L'ordonnance d'émancipation a bouleversé toute législation, toute jurisprudence, soit civile, soit politique : elle a foulé aux pieds tous les principes, toutes les lois qui consacrent l'inviolabilité de la propriété !

Les chambres ont également confondu, prostitué tous les pouvoirs, en donnant la *sanction* explicite de la loi à l'ordonnance du 17 avril 1825, par la loi du 30 avril 1826, qui dispose, art. 1er : « *La somme de 150 millions de francs affectée par ordonnance du 17 avril 1825* aux anciens colons de St-Domingue sera répartie entre eux intégralement, et *sans aucune déduction au profit de l'état,* pour les propriétés publiques, ainsi que pour les propriétés particulières qui lui seraient échues par droit de déshérence. »

Quelle interversion cette loi introduit dans l'ordre établi par la charte et par les lois constitutives de l'état ! Quel abus de l'exercice des fonctions législatives ! Quoi ! la chambre des pairs et la chambre des députés ont fait une loi (1) *pour l'exécution*

---

(1) Q'il me soit permis de rapppeler ici ce que j'ai écrit en 1829 sur la forme de notre gouvernement. Trois ans n'ont rien changé à mon opi-

*de l'ordonnance du* 17 *avril* 1825 : elles ont ratifié la spoliation des malheureux colons de Saint-Domingue ; elles ont brisé le pacte fondamental en sanctionnant un acte de la puissance exécutive qui s'était placée au dessus de toutes les lois. Niera-t-on que les chambres de 1826, par la loi du 30 avril, ne commirent pas un acte de lèse-nation, en violant leur serment de fidélité à la charte et aux lois constitutionnelles du royaume? Ce serment n'avait-il pas pour but d'exiger que les membres des deux chambres remplissent loyalement et fidèlement leurs fonctions législatives, conformément aux lois qui régissaient le pays? Selon l'acte du 17 avril 1825, le pouvoir exécutif a lui-même violé l'article 74 de la charte, qui disposait : « Le roi et ses successeurs jureront d'observer fidèlement la présente charte constitutionnelle. » Charles X, lors de son sacre à Reims, le 29 *avril* 1825, prêta le serment suivant : « En présence de Dieu, je pro-

---

nion, et l'on ne pourra méconnaître qu'elle est tout-à-fait indépendante des circonstances actuelles. Voici comment je m'exprimais, pages 5 et 7, tome 3, dans la préface de mon droit public de *Domat* :

« En France, avec notre gouvernement représentatif, tous les citoyens
« sont appelés à la confection des lois. Les uns y prennent une part directe,
« tels sont le roi et les membres des deux chambres ; les autres tiennent
« indirectement la *balance politique* par la voie d'élection et de pétition.
« Cette association de tout un peuple est plus qu'un droit qu'il exerce,
« c'est un devoir qu'il remplit.

« La fidélité aux institutions du pays ne consiste pas seulement dans
« une obéissance absolue; respectons les lois tant qu'elles sont en vigueur,
« mais *sachons avec courage*, chacun selon ses facultés politiques, en
« *demander* le redressement ou *l'abrogation*, si elles *répugnent à nos*
« *mœurs*, si elles *ne sont* pas *conformes* à l'intérêt national.

« Mais, pour soutenir constitutionnellement notre édifice social, nous ne
« devons pas examiner *légèrement les lois* qui nous *régissent ;* nous ne saurions
« trop les approfondir et nous pénétrer de leur véritable esprit.
« L'indifférence en matière politique est un délit moral, ceux qui le com-
« mettent, perdent volontairement la plus belle prérogative du citoyen.

« ... Malgré leurs imperfections, ces ordonnances ( du 16 juin 1828)
« n'en resteront pas moins comme un monument de notre droit public
« et comme une consécration de ces anciens principes, que certains esprits
« ambitieux voudraient anéantir, en plaçant *l'autel sur le trône*. Mais
« quelques efforts qu'ils fassent pour troubler la paix publique, ils ne
« pourront y parvenir....Avec une volonté ferme et la confiance de la
« nation, un gouvernement sera toujours assez fort pour faire respecter
« ses droits...., pour avoir cette volonté et inspirer cette confiance, il
« faut que le choix du prince, à l'égard des hauts fonctionnaires, ne
« tombe que sur des hommes amis des libertés publiques.....

« ... Nous regrettons de ne pouvoir y ajouter les lois communale et
« départementale (au droit public de *Domat*), si long-temps promises à la
« France, et dont nous avons vu les projets offerts à nos législateurs, mais
« retirés avant la discussion. *Il n'est pas éloigné le jour où*, dans des pro-
« portions plus larges, *ces lois nous seront rendues*. Notre espérance ne sera
« pas déçue, *le temps est gros de l'avenir.*» Officit adulatio veritati (*Tacit.*)

Ces terribles prévisions se sont accomplies; le pouvoir auquel elles s'adressaient s'est précipité dans la nuit éternelle des temps; l'influence des prêtres dans les affaires politiques a cessé de régner en France, elle a disparu sous l'empire de la volonté nationale!!!

mets à mon peuple de.... rendre bonne justice à tous mes sujets ; enfin, *de gouverner conformément aux lois du royaume,* et à *la charte* constitutionnelle, *que je jure d'observer fidèlement.* »

*Domat* définit cet acte en ces termes : « Le serment, dit-il, est un acte de religion, où *celui* qui *jure,* prend Dieu pour témoin de *sa fidélité en ce qu'il promet,* ou pour *juge* ou *vengeur* de *son infidélité, s'il vient à y manquer, s'il fait un parjure,* tom-2, pag. 178 et suiv. » On dira peut-être que Charles X, lorsqu'il rendit l'ordonnance du 17 avril 1825, n'avait pris aucun engagement envers le pays ; que son serment à la charte et aux lois du royaume est postérieur, *de 12 jours,* à l'émancipation de Saint-Domingue, et que par cette seule raison, l'acte du 17 avril est tout-à-fait en dehors de ce que le roi avait promis d'observer religieusement. Que de réflexions naissent de l'expropriation des colons et du serment de Charles X! douze jours d'intervalle entre l'accomplissement de ces deux actes !!!

Sous l'empire des lois constitutionnelles de l'état, le pouvoir exécutif ne pouvait, et ne peut encore aujourd'hui, détacher une simple commune rurale d'un canton dont elle fait partie, pour la réunir à un autre canton, sans une loi spéciale : la concession de Saint-Domingue était donc hors du domaine de la puissance législative, et par conséquent, et à plus forte raison, des limites de la puissance exécutive, qui a méconnu toutes les lois. L'inviolabilité de la propriété a de tout temps formé la base de l'édifice social ; la stabilité du gouvernement ne serait qu'une chimère sans l'immuabilité de ce principe conservateur de la société civile et politique. En admettant que le pouvoir exécutif peut, à son gré, morceler le territoire national, ne serait-ce pas lui accorder, lui reconnaître le droit de faire passer tout ou partie d'une province de la France continentale, sous la domination d'une puissance étrangère? *Non possum non vera loqui.* (Cic.)

La disposition finale de l'article 1er de la loi du 30 avril 1826, porte une atteinte exorbitante aux lois fondamentales du pays, par ces mots : « *Et sans aucune déduction au profit de l'état, pour les propriétés publiques, ainsi que pour les propriétés particulières qui lui seraient échues par droit de déshérence.* » Les mots manquent pour qualifier la signification des termes de cette loi ; jamais les rois de France n'ont pu s'affranchir de la volonté expresse qui leur déférait le pouvoir exécutif, pas même sous l'empire de la monarchie absolue, car un édit de 1717 portait : «... Puisque les lois fondamentales de notre royaume *nous mettent* dans une heureuse impuissance *d'aliéner le domaine de notre couronne,* nous faisons gloire de reconnaître qu'il nous est encore moins libre de disposer de notre couronne même. »

Suivant les principes de *Domat* : « Les mêmes raisons, dit-il, qui rendent les biens du domaine *inaliénables*, les rendent *aussi imprescriptibles*, puisqu'ils seraient *aliénés*, si on pouvait les acquérir par prescription, tom. 3, pag. 115.» Ces immuables principes de droit public ont obtenu la sanction de la puissance législative; l'art. 9 de la loi du 8 novembre 1814 porte : « *Les biens qui forment* la dotation de la couronne *sont inaliénables* et *imprescriptibles.* » L'article 10 ajoute : « Ces *biens ne peuvent être engagés, ni grévés d'hypothèques* ou *d'autres charges.* »

Vatel dit, *tom.* 1ᵉʳ, *chap.* 20, §. 2 : « *Ce qui est susceptible de propriété est censé appartenir à la nation* qui occupe le pays, et forme la masse totale de ses biens...; les *uns sont réservés pour les besoins de l'état*, et font le *domaine de la couronne, ou de la république.*» Ce célèbre publiciste dit encore, *ch.* 21, § 5, que : « Le *prince*, ou *supérieur* quelconque de la *société*, *n'étant naturellement que l'administrateur*, et non le *propriétaire* de l'état, sa qualité de *chef de nation*, de *souverain, ne lui donne* point par elle-même le *droit d'aliéner*, ou *d'engager les biens publics.* La règle générale est donc que le *supérieur ne peut disposer* des biens publics quant à la substance : ce *droit étant réservé au seul* propriétaire, puisque l'on définit la propriété par le droit de disposer d'une chose quant à la substance. *Si le supérieur* vient à passer son pouvoir à l'égard de ces biens, *l'aliénation* qu'il en aura *faite est invalide, et peut toujours* être *révoquée* par son *successeur* ou *par la nation.* C'est *la loi* communément *reçue* dans le *royaume de France*; et c'est sur ce principe que le duc de *Sully* conseilla à *Henri IV* de *retirer* toutes les parties du *domaine de la couronne*, qui avaient été *aliénées* par ses prédécesseurs (Droit des gens). » Faut-il d'autre autorité pour prouver que Charles X n'avait pas le droit d'*aliéner* la colonie de St-Domingue? Écoutons Louis XV dans son édit de 1724 : « Nous sommes, dit-il, indispensablement obligés de veiller à la conservation du domaine *sacré* de notre couronne, dont nous ne sommes que les *usufruitiers*, et que nous devons transmettre daus son intégrite aux rois nos successeurs » *Memento beneficia patriæ.* (Cic.)

Puffendorf dit, *liv.* 8, *chap.* 5, §. 9 : « Selon *Grotius*, le roi *ne saurait*, de sa propre autorité, *céder* le royaume à un autre, et, s'il *le fait sans le consentement du peuple*, les sujets ne sont point tenus de se soumettre à la domination du prince en faveur duquel il s'est démis de la couronne.... Le roi n'est pas non plus *en droit* de substituer à sa place un autre souverain, *sans le consentement de ses sujets.* S'il s'agit *d'aliéner* seulement *une partie du royaume*, outre l'approbation du roi, et celle du peuple qui demeure sous ses lois, *il faut aussi* que le peuple du pays qu'on veut *aliéner* y consente; et *ce dernier consentement* est encore plus *nécessaire* que l'autre. »

De tels principes n'ont pas besoin de commentaires; ils prouvent que Charles X a méconnu l'empire de la charte qui a consacré toutes les anciennes franchises du pays, et qu'il a usurpé un droit que les rois absolus n'ont jamais osé s'attribuer sans le consentement du peuple : l'aliénation des domaines de l'état, et l'expropriation de la colonie de Saint-Domingue sont donc une infraction flagrante au pacte fondamental du pays ? D'après la charte, la souveraineté du roi n'a pas plus d'étendue sur les colonies que sur le sol de la France. Vatel dit à ce sujet, *chap.* 18, § *inf.* « Une colonie fait naturellement partie de l'état comme les autres possessions.... Tout ce qui se dit du territoire d'une nation doit s'entendre aussi de ses colonies. »

L'ordonnance d'émancipation n'était point commandée par de grandes mesures politiques, par d'impérieuses circonstances pour la sûreté de l'état; a-t-elle pu prononcer explicitement l'aliénation des domaines de l'état et la spoliation de tous les colons? *non.* Niera-t-on qu'elle n'est pas extrà-administrative , extrà-législative; et par conséquent extrà-constitutionnelle? La loi du 30 avril 1826 et l'ordonnance du 17 avril 1825, se sont abrogées d'elles-mêmes : elles n'ont inspiré aux Haïtiens qu'un outrageant dédain, qui blesse la nationalité d'un grand peuple qui marche à la tête de la civilisation du monde entier.

Dans l'état actuel des choses , il s'agit de protéger et d'étendre le commerce maritime, d'ouvrir de larges débouchés aux produits de l'industrie nationale; il s'agit de recouvrer des revenus coloniaux les plus certains et les plus considérables du peuple français; il s'agit de la fortune de 42,000 colons, qui, remis en possession de Saint-Domingue, procureraient l'existence à plusieurs millions de citoyens qui errent sur le sol de la mère-patrie, tandis qu'ils ne demandent qu'à étendre la domination de la France. Il faut se rappeler que quand une nation est parvenue à un certain degré d'accroissement de population, de civilisation, de luxe, de richesses industrielles , et que son sol ne produit plus la subsistance nécessaire à tous ses habitans, il faut infailliblement, ou qu'elle périsse, ou qu'elle brise les barrières qui lui sont imposées par des traités politiques.

Les Haïtiens ayant refusé d'acquitter les 150 millions stipulés dans l'ordonnance du 17 avril 1825 , ont prouvé qu'ils appréciaient l'illégalité de cet acte. Leur projet ne paraît plus douteux : deux tiers de la colonie se sont ouvertement prononcés pour la France , parce qu'ils sentent que la paresse, la misère vont toujours croissantes, et que la métropole seule parmi les nations peut leur procurer l'aisance, la richesse, la splendeur dont leur beau pays jouissait avant 1789. Un orateur très compétent sur la matière des revenus coloniaux, a dit :

« Avant la révolution, nos colonies nous fournissaient en

sucre, café, indigo, etc., pour une valeur annuelle de 165 *millions de francs ; Saint-Domingue* figurait seul dans cette somme *pour plus de* 120 *millions ;* d'autres colonies que nous ne possédons plus y avaient aussi leur part. La consommation de la France absorbait sur ce produit général *une valeur de* 57 *millions.* Nous approvisionnions donc *les marchés de l'Europe pour une somme de* 108 *millions,* valeur aux colonies, dont près de moitié en café ; *valeur à laquelle venaient aussi s'ajouter l'avantage d'un double frêt, et tous les profits de la revente.* De plus, nous exportions dans nos diverses colonies, *en produits du sol et de l'industrie de la France,* une valeur de 80 *millions,* et ces exportations *suffisaient* et au delà à *acquitter les denrées que nous en rapportions,* soit à cause des bénéfices de la vente, soit parce que la plus forte partie du solde qui pouvait revenir aux colons se consommait par eux-mêmes dans la métropole. Ainsi, d'une part, *les rapports de la France avec ses colonies donnaient* lieu à un *mouvement commercial de* 245 *millions,* en ne calculant les valeurs qu'aux lieux respectifs d'expédition ; et d'autre part, la France, en tenant compte de la plus value *résultante des bénéfices du transport et de la revente, s'enrichissait* effectivement, par le seul effet de ces mêmes transports, et *sa consommation en denrées coloniales satisfaite pour* 57 *millions,* d'une somme de 240 *millions* environ. Les choses sont bien changées ; les colonies qui nous restent, quoiqu'elles aient pris, quant à la culture *du sucre,* un développement très remarquable, *suffisent avec peine,* et pour cette seule denrée, *à notre consommation.* La culture du café y a singulièrement dégénéré, et *son produit* n'atteint pas même *à la moitié de notre consommation,* qui cependant, semble loin d'être arrivée à son terme. Plus *d'indigo,* plus de *coton,* de cette matière que la France consomme aujourd'hui en si grande abondance, *et qu'il lui faut demander* pour une *valeur de* 40 *à* 50 *millions de francs, à des possessions étrangères.* En somme, l'année 1820, celle dont les résultats sont les plus favorables, *offre l'importation de produits* d'une valeur de 42 *millions, absorbés en entier* par notre consommation, et *l'exportation,* en *produits du sol et de l'industrie,* d'une valeur de 50 *millions.* Le mouvement commercial est donc de 72 *millions sans aucune revente à l'étranger* des objets *importés,* et la portion de richesse créée par *l'exportation de* 50 *millions* seulement. » (*M. de Saint-Criq, motifs de la loi des douanes,* 1822.)

Quoi ! la France si riche avant 1789, en revenus coloniaux, est aujourd'hui réduite à demander à des possessions étrangères pour une valeur de 40 à 50 *millions !* La colonie de Saint-Domingue, la reine des Antilles, le plus beau pays du monde après l'Europe continentale, produisait à la France un revenu annuel de plus de 120 *millions*, hésitera-t-on encore à reprendre possession de la plus fertile des colonies ?

Comment peut-on persister à demander aux haïtiens, d'origine sauvage, le paiement de 160,744,000 *fr.*, y compris les intérêts, à défaut de paiement de l'indemnité stipulée dans l'ordonnance du 17 avril 1825 ? où est, sur quoi repose la garantie de cette indemnité stipulée au profit des colons ? Espère-t-on encore trouver des bailleurs de fonds pour payer les quatre derniers cinquièmes ? mais ne faut-il pas d'abord payer l'emprunt de 1825 ?

Les Haïtiens se trouvent dans l'impossibilité d'accomplir en aucune façon les engagemens qu'ils ont contractés envers la France : jamais ces peuples, encore dans l'enfance de la civilisation, ne pourront ni se libérer de leur dette actuelle de 160,744,000 *francs*, ni se former en état indépendant, ni se faire admettre comme nation parmi les autres états du monde civilisé.

D'ailleurs, la nature des choses et l'expérience ont démontré jusqu'à l'évidence l'impossibilité pour Haïti, d'accomplir les conditions financières qui sont imposées à la reconnaissance de son indépendance. Quelle illusion a séduit le pouvoir déchu, lorsqu'il a prétendu que la concession de Saint-Domingue assurerait d'immenses avantages au commerce français ! Pourquoi n'a-t-il pas exigé impérativement la stricte exécution de l'ordonnance d'émancipation de cette colonie ? Voulait-il en faire un cadeau aux assassins des anciens colons, en leur laissant la paisible jouissance des fruits de leurs crimes !

La France doit sortir de l'état d'insouciance où elle est réduite à l'égard des affaires de Saint-Domingue ; les colons et les porteurs de l'emprunt ont droit à sa protection : ils sont nationaux aux mêmes titres et à la même condition qu'étaient les Français qui habitaient le Portugal. L'état a exigé pour eux une éclatante réparation, les colons n'ont-ils pas les mêmes droits à l'action des forces nationales ? « Le droit d'user de la force, *dit Vatel*, ou de faire la guerre n'appartient aux nations *que pour leur défense* et le *maintien de leurs droits, tom.* 2, *chap.* 3 ».

Lorsque les Haïtiens promirent de payer l'indemnité de 150 millions, leurs agens à Paris n'y mirent-ils pas la condition que la France leur prêterait la somme nécessaire au paiement du premier cinquième ? Les principaux comptables de l'état intervinrent activement dans l'opération de cet emprunt; les caisses publiques vinrent plus tard au secours des porteurs pour le service des engagemens de l'état haïtien. Où est, quel est le résultat des promesses solennelles de cette république ? qu'a-t-elle fait pour se libérer envers la métropole? que répond elle aujourd'hui ? Son président déclare fièrement à l'agent consulaire de France, qu'il ne peut, qu'il ne veut accepter les conditions stipulées dans le traité de *Louis-Philippe*. Que faut-il faire par suite de ce refus formel ? « *Toute guerre juste*, dit Puffendorf, *se fait* ou pour *nous conserver* et nous défendre, *nous et ce qui nous appartient*, contre les *entre-prises* d'un *injuste agresseur*, ou pour *mettre à la raison ceux qui refusent de nous donner* ce qu'ils *nous doivent en vertu du droit parfait*; ou enfin, pour obtenir réparation du dommage ou du tort qu'ils nous ont fait, et pour avoir des sûretés, à l'abri desquelles on n'ait désormais rien à craindre de leur part. *Liv.* 8, *chap.* 8, §. 3. »

La France n'a pas d'autre réparation à demander aux Haïtiens que la reprise de Saint-Domingue : elle doit reconnaître l'em-prunt d'Haïti comme ayant été *nationalisé*, par sa destination et par l'emploi qui en a été fait au profit des colons : l'état ne saurait le nier sous aucun prétexte. S'il ne s'était reconnu *garant* envers les porteurs d'annuités de cet emprunt, aurait-il avancé à la compagnie adjudicataire une somme 4,848,000 francs? peut-il, doit-il aujourd'hui ordonner la réintégration de ces 4,848,000 fr. dans les caisses du trésor public? On ne le pense pas.

L'emprunt d'Haïti n'a point été fait au profit d'un gouverne-ment étranger : on l'a demandé à des Français pour secourir d'autres citoyens expropriés sans *cause d'intérêt public légale-ment constaté* : on a substitué la misère des colons à l'aisance des rentiers, aujourd'hui porteurs d'annuités haïtiennes. Ces an-nuités portent 6 *p.* o/o *d'intérêts*; le gouvernement français reconnaissant cet emprunt comme une dette nationale, doit le *convertir en rente* 5 *p.* o/o, *tiers consolidés*, sauf à lui, lorsqu'il aura rétabli sa domination sur Saint-Domingue, à y prélever un impôt proportionné aux facultés des colons, pour se couvrir, et des frais de l'expédition navale, et de l'emprunt avancé aux légitimes propriétaires de Saint-Domingue.

Si le pouvoir exécutif n'avait pas interposé son autorité pour obtenir la réalisation de l'emprunt d'Haïti, les porteurs n'au-raient point eu l'imprudence d'échanger leur argent contre des actions qui portent, § *inf.* : « Le produit des domaines na-« tionaux de la république d'Haïti est affecté et hypothéqué *spé-« cialement* au remboursement et au service des intérêts. » Cette clause expresse de rembourser l'emprunt et de servir les intérêts, a-t-elle eu une pleine et entière exécution? Non. Que sont de-venus les produits des domaines nationaux d'Haïti? ont-ils été versés dans les caisses qui devaient accomplir les engagemens de l'emprunt? Non. Si la France n'était pas responsable de cette dette, où en seraient réduits les porteurs d'annuités? pourraient-ils, à défaut de paiement, exiger l'expropriation de leur débi-teur?

Le gouvernement est institué pour protéger tous ses membres, peut-il rester indifférent au refus positif qu'il vient de recevoir du président d'Haïti? Le pouvoir déchu, pour un coup de chasse-mouche donné par le dey à notre consul, détruisit la régence d'Alger. Le rétablissement des colons à Saint-Domingue est réclamé par de graves circonstances; les denrées de cette colonie sont indispensables à la consommation de la France; la dignité nationale exige qu'on efface la tache et la honte que son abandon imprime sur la gloire du pays; la concession faite par Charles X étant nulle et de nul effet, pourquoi le gouvernement de *Louis-Philippe* n'y dirigerait-il pas une expédition navale, pour y rétablir la domination française, si long-temps méconnue par les Haïtiens? quels que soient les obstacles qui semblent s'opposer à la reprise immédiate de Saint-Domingue, ils se briseront, ils s'anéantiront sous le poids de l'impérieuse nécessité. « Le refus, dit *Burlamaqui*, de celui qui ne *veut pas s'acquitter envers nous de ce qui nous est dû*, nous fournit *un juste sujet de guerre. chap.* 2, § 16, *des causes de la guerre.* »

Par tous ces motifs, le jurisconsulte soussigné estime qu'il y a lieu de rapporter l'ordonnance du 17 avril 1825, d'abroger la loi du 30 avril 1826, comme violant les lois fondamentales du pays; de reconnaître l'emprunt d'Haïti comme ayant été nationalisé par son affectation, et de le convertir en rente, 5 p. o/o consolidés; de rétablir immédiatement le souveraineté nationale sur la colonie de Saint-Domingue; de faciliter la migration des nationaux qui voudraient suivre les propriétaires de cette colonie, et d'y fonder une constitution libérale qui effacerait toutes les traces de l'esclavage.

Délibéré à Paris, le 10 novembre 1831.

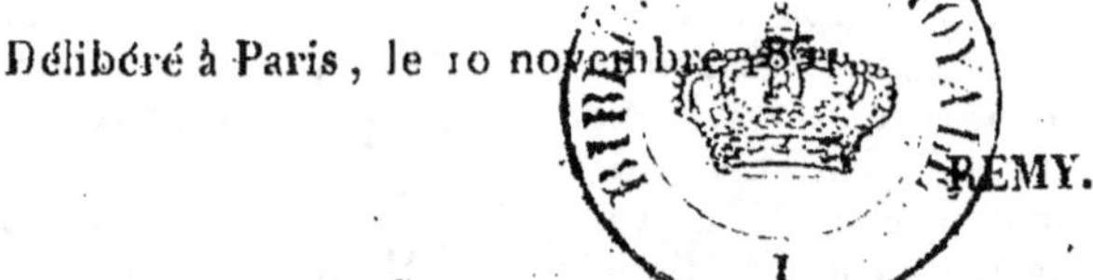

REMY.

Cette Consultation se trouve chez RENARD à la librairie du Commerce, rue Ste-Anne, n° 71.

---

PARIS.—Imprimerie de P. Dupont et G. Laguionie, hôtel des Fermes.